कि बजती रहे सांकल

योगेंद्र कृष्णा

प्रकाशक : नोशन प्रेस

KI BAJTI RAHE SAANKAL
By YOGENDRA KRISHNAA

समर्पण

जाने-अनजाने तमाम उन किरदारों के लिए
जो इन कविताओं में शामिल हैं

अनुक्रम

डेंगी पर सवार नदी 1
विरासत 2
नेह का बोझ 3
अ कप ऑफ रोमांस 4
कबूलनामा 6
शहर के मानचित्र पर 10
मैंने लिखा प्रेम 11
रोशनी सी कोई पुकार 12
समय 13
पहली बार 16
समुद्र की बात 18
कुछ इस तरह भी 20
और एक दिन 22
चिंताएं 24
रात के सफहों पर 27
दर्द 28
अनाहत 29
हम उसे क्या दिखाते 30
समझ 31
गिरना एक पेड़ का 32
डूबना 33
विकास 34
कौन है वो 35
घर की आग 36
खुशबू 37
घर-वापसी का पता 38
उत्सव 39
किसने 40
अजब-गजब 41
लाचारी 42
बच गया 43
कि बची रहे छांव 44
गंतव्य 45
कि बजती रहे सांकल 46

पहाड़ की जगह 47
कैसी हो कविता 48
हवा के विरुद्ध 50
नई भाषा 51
जमीर 52
मरुस्थल 53
असली किरदार 54
भरोसा 55
दर्पण 56
विरोध 57
तलाश 58
देखना 59
एक उदास धुन 60

डेंगी पर सवार नदी

मछलियों के लिए
जाल बिछाते
नदी में नाव खेते
इतने दिन बीते

आज पहली बार हुआ
कि पानी मेरे ऊपर
तैर रहा था
और पूरी नदी
सवार थी
मेरी डेंगी पर

और मछलियां भी
शिकार कर रही थीं मेरा
अथाह जल में
मुझे खींचती हुई
नदी के तल में...

विरासत

अपने बच्चों को हमने
दुनियादारी सिखाई
ढेर सारी नसीहतें दीं
सफलता के अचूक नुस्खे बताए
उनके अवगुण गिनाए

विरासत में मिली
नामुराद इस कला को
हम जीवन से कहीं ज्यादा
अपनी अचूक
अदाओं में निभाते रहे

नई नस्लें
हमसे भी ज्यादा बड़ी
अदाकारा थीं
उनके सपने बच्चे नहीं
रोबोट थे...

नेह का बोझ

अंधेरी, ऊबड़-खाबड़
गलियों से गुजरते हुए
तब कहां पता था
कि लौटूंगा इतना
समृद्ध भरा-पूरा
अजनबी दिखते लोगों के
सरल सहज नेह का बोझ
चिकनी चौड़ी सपाट
रोशनी से भरी सड़कों पर
कैसे ढोऊंगा

जिन सड़कों पर
भागता रहा हरदम अकेला
खाली हाथ सरपट
अपनों के नेह से भी खाली
बिलकुल हलका...

अ कप ऑफ रोमांस

रोजमर्रा जीवन की
तुच्छ आकांक्षाओं में पली आंखें
विस्मय में अपलक खुली रह जाती हैं
तो दोष इन आंखों का नहीं
शायद विरासत में मिली दीद का है
और लाजिम है ऐसी खुली आंखों का
कुछ पल के लिए रास्ता भटक जाना
जहां अकूत वैभव और ऐश्वर्य की
आपराधिक अश्लील नुमाइश
हमारी चेतना को खुरचती है
जहां हमारी कमजोर आंखों के लिए
मायावी फिसलनों से भरे नजारे हैं
और जहां अल्हड़ आंखों पर तारी होती
थकान और एक कुल्हड़ चाय की तलब
जादुई इस दुनिया के जिस छोटे से हिस्से में
हमें शानो-शौकत और नजाकत से बिठाती है
उसे शहर के खुदमुख्तार किसी शहंशाह ने
'अ कप ऑफ रोमांस' का नाम दिया है
जहां एक इशारे पर
चाय की चमचमाती प्यालियों के साथ
किसी इतर लोक से उतरती
कोई सुंदरी सामने नमूदार होती है
और जहां एक तिलस्मी मुस्कुराहट
के साथ एक प्याली चाय की कीमत
केवल चार अंकों का एक छोटा-सा खेल है

और खारे पानियों के इस शहर में
वे हमारी प्यास की शिद्दत भी जानते हैं

वे जानते हैं कि ऐसी नफासत
और जोखिम भरी रोमानी जगहों में
किसी सभ्य आदमी के लिए
अपनी जेब टटोलने जैसी हरकत भी
कितनी बेजा और अश्लील हो सकती है

इस तिलस्म से बाहर निकलते ही
हमारे अंतःकरण को बेधती
कांच की किरचों-सी तेज बारिश है
बंद जहन और आंखों से देखी गई
ऐश्वर्य और वैभव की नुमाइश अचानक
खुली आंखों की जुगुप्सा में बदल जाती है—
सामने मैली-कुचैली, नंगी-अधनंगी
उम्मीदों और आश्वस्ति से भरी एक भीड़
कि असीम विस्तार में फैली
इस मायावी भूलभुलैया से
बाहर निकलने वाला हर शख्स
उनकी तुच्छ याचनाओं के प्रति
उतना भी निर्मम या उदासीन नहीं होगा जितना
कि साफ-शफ्फाफ आदमी प्रायः दिखता है
और मैंने एक बार फिर अपनी जेब टटोली है
मेरे पास अब उन्हें देने के लिए कुछ नहीं है
बारिश-धुली उस भीड़ के चेहरे में
मुझे अपना छद्म और विद्रूप
बहुत साफ नजर आता है

कबूलनामा

अपनी बात रखने के लिए मुझे
कोई वकील नहीं चाहिए मी लॉर्ड
वकालत भी तो एक धंधा है
और आप भी उसी मशीन का
छोटा-सा एक पुर्जा हैं
यह अलग बात है कि
आपका न्याय जन्म से ही अंधा है
मैं भी एक व्यवसायी हूं
और आपकी ही तरह
सुख और दुख जीवन और मृत्यु को
एक ही तराजू पर तोलता हूं
शोषक और शोषित
दोनों को अपना मित्र बोलता हूं
और यह एक महज इत्तेफाक है
कि आप उस तरफ बैठे हैं
और मैं इस तरफ खड़ा हूं

भरी अदालत में सबके सामने
बेहिचक अपना राज आज खोलता हूं
एक धंधेबाज हूं और दूसरों की तरह
इस मुल्क से भी अधिक
मुझे भी अपने धंधे से प्यार है
श्मशान के बाहर लकड़ी
और अस्पताल के सामने
दवा की एक दूकान है
बच्चों के लिए खिलौने
मर्दों-महिलाओं के लिए
सेक्स-टॉयज का व्यापार है

शर्मिंदगी को ढंकने खातिर
शरीफ-संभ्रांत खरीदारों के लिए
यूज-ऐंड-थ्रो मुखौटों जैसे कई उपहार हैं
आपके भी कई मुलाजिमों-मुवक्किलों के
मेरे इस धंधे से जुड़े हुए महीन तार हैं

खुशी और उत्सव में नर्तकियों-गायिकाओं
और शोक में रुआंसे-उदास चेहरों
की आपूर्ति के लिए भी
शहर के रसूखदार खाए-अघाए लोग
मुझे ही संपर्क करते हैं
हंसने-हंसाने वाले विदूषको की जरूरत हो
या कभी कंधा देने वाले चार जन की
तो लोग-बाग मुझे ही याद करते हैं
इनकी जरूरत उन्हीं को पड़ती है
जो सबसे अधिक सम्पन्न और समृद्ध हैं
फिर धंधा मेरा हो या आपका
उन्हीं से तो चलता है
हमारे धंधे से अगर गरीबों की भी कुछ
मदद हो जाती हो तो मेरा कुछ नहीं जाता है
मुफ़लिसी के मारे इन चेहरों में केवल
समय की नजाकत को समझ कर
ठीक से रोना या हंसने का हुनर देखा जाता है

सिनेमा में भी थोड़ा दखल रखता हूं
वेब सीरीज की स्क्रिप्ट में ठेठ देसी गालियों
और यौन-दृश्यों की छौंक-बघार लगा सकता हूं
दलित आदिवासी बस्तियों या
खौफनाक दुर्गम नक्सल इलाकों में
शूटिंग के लिए दलालों से संपर्क करा सकता हूं

और कास्टिंग काउच की तरफ जाने का
निरापद गोपन रास्ता भी बता सकता हूं

चाहता तो था धंधे को थोड़ा
और भी विस्तार दूं
भाड़े पर बबालियों हत्यारों
और दहशतगर्दों का इंतजाम
नहीं कर पाने का अफसोस
अकसर बहुत सालता है
दरअसल इस खेल में राजनीति
का दखल भी बहुत ज्यादा है
बड़े तो बड़े हर छुटभैये अपराधी
के पास सत्ता के गलियारे में खड़ा
एक सफेदपोश प्यादा है

मेरी मुलाजिम फूलवाली
तो मेरी दूकान पर बैठकर
नाहक बदनाम हो जाती है
सफाचट मूछ-दाढ़ी वाला थानेदार
उसे देखकर अपनी मूंछ की
खाली जगह पर ताव देता है
दूकान में मेरे बाग के ताजे तुलिप्स
नरगिस गुलाब मोगरे के फूल और माला हैं
लेकिन युवा ग्राहकों की नजर
न इन फूलों पर है न फूलवाली पर
दरअसल इसके पिछवाड़े सुदूर
पहाड़ियों तक फैला फूलों का जो बाग है
उसकी मिट्टी और हवा में महुआ अंगूर
गांजा और अफीम की पुश्तैनी आग है
जीवन की तमाम सुख-सुविधाओं

और वर्जनाओं के आत्यंतिक उपभोग से
ऊबी हुई बेचैन संभ्रांत आत्माएं यहीं पर
थोड़ी राहत की सांस लेती हैं
पिछले ही दिनों एक चेहरा...
नहीं-नहीं यह मेरा वहम रहा होगा
वैसे भी हजारों ग्राहकों का
यहां रोज आना-जाना है
वैसे में कौन किसे पहचाना है
अवाम की सुरक्षा में तैनात
बाजू में ही एक पुलिस थाना है
और हुजूर आपने भी तो
इलाके की विधि-व्यवस्था
चाक-चौबंद बनाए रखने में
थाने से कहीं अधिक मेरे ही धंधे की
भूमिका को अहम माना है...

शहर के मानचित्र पर

तेजी से बदलते शहर के मानचित्र पर
बहुमंजिली इमारतों की भरमार है
पगडंडियों में सिकुड़ गईं खेतों की सरहदें हैं
जगर-मगर दुकानों, मॉल्स और दैत्याकार
अस्पतालों के आतंककारी दृश्य हैं
फिर भी भूख है, स्वप्न है आकांक्षाए हैं
एक-दूसरे से आगे निकल जाने की हड़बड़ी है
बेकाबू रफ्तार को सलाम करती
चौड़ी-चिकनी सड़कें हैं
सड़कों के ऊपर भी सड़कें हैं
बदहवास भीड़, दहशत और
दुर्घटनाओं के बीच अनसुनी चीखें हैं
अस्पतालों के बाहर पार्किंग में
सैकड़ों वाहनों की चमचमाती कतारें हैं
दो-चार एंबुलेंस हैं, बाकी सब शववाहन हैं…

मैंने लिखा प्रेम

मैंने ठूंठ पर लिखा प्रेम
और वहां नई कोंपलें आने लगीं
मैंने सूखी नदी की रेत पर लिखा प्रेम
और वहां पानी के सोते फूटने लगे
मैंने चिड़ियों के दानों पर
कटोरी भर पानी में लिखा प्रेम
और गूंज उठी सूने आंगन में
चिड़ियों की चहचहाहट
मैंने हवा पर लिखा प्रेम
और खुलने लगे बंद घरों के
दरवाजे और खिड़कियां
बंद हो गईं बच्चों की सिसकियां
मैंने बर्फ की चट्टानों पर लिखा प्रेम
और पिघल कर बहने लगीं धाराएं...

रोशनी-सी कोई पुकार

कई-कई ऋतुओं की बारिशों
और तपिश में धुल-तप कर
बहुत भीतर उतरती तुम्हारी आवाज
और शब्दों में अगर पूरी पृथ्वी की पीड़ा है
तो जीवन में शेष रह गई उजली
उम्मीदों से भरा आकाश भी....

पृथ्वी की धुरी में
अंतहीन घूमता हुआ कोई शब्द
अपनी बेचैनियों में बाहर छिटक
अगर पुकारता हो तुम्हें
तो समझना मैंने ही आवाज दी है
तुम्हें अविकल...

जैसे बीहड़ जंगलों में
पत्तों से छनकर
गिरती हुई हवा में डोलती
रोशनी-सी कोई पुकार....

समय

जगहें अब बहुत कम हैं
बहुत बड़े दिखते घरों में भी
उन्हीं घरों के आदमी के लिए
दीवार में कीलों और खूंटियों के लिए
हवा, रंग, फूलों, तितलियों
और चिड़ियों की बात कौन पूछे
कौन पूछे पत्तों से छनकर आती
रोशनी में आबाद बच्चों की
नैसर्गिक हंसी की बात
सूखे पत्तों की तरह बजते शब्दों
से इतर संवाद और भाषा के लिए भी
कहां रहा सुरक्षित कोई कोना...

पुरानी पड़ गई तमाम चीजों समेत
म्लान पड़ चुकी पुरखों की तस्वीरें भी
अब उतर चुकी हैं दीवारों की स्मृतियों से
अंधेरे किन्हीं तलघरों में मकड़ी के जालों
में ठहर गए अपने ही समय को
कुतरती हैं पुरानी घड़ियां जो कभी
आदमी का कहा मानती थीं
उनकी मर्जी से चलतीं
और वक्त-जरूरत उनके लिए
कुछ देर ठहर जाती थीं...

कितनी जिम्मेदारियों के बोझ से लदी हैं
सभ्य बेचैनियों का भार ढोते आदमी की
कलाई पर बंधी नए जमाने की
एक छोटी-सी स्मार्ट घड़ी

हमें और हमारे समय को
अपनी नोंक पर चलाती और
समय-समय पर आगाह करती हुई
कि इस उम्र में नहीं होना चाहिए
इतना बढ़ा हुआ तुम्हारा रक्तचाप
लगातार इतना तनाव में रहना
इतनी कैलोरी का जल जाना
रक्त में चीनी कम या अधिक होना
आदमी की सेहत के लिए ठीक नहीं
कि ठीक नहीं है आदमी की
प्रतिष्ठा के लिए राह चलते बच्चों का
अचानक मिठाई के लिए मचल जाना

कलाई पर हर पल उभर रहे
खतरों के संकेतों के बीच अभी-अभी
कोई ट्रेन किसी प्लैटफॉर्म पर रुकेगी
और समय के पीछे भागते मिलेंगे
बदहवास हजारों-लाखों लोग...
और इस बीच कभी मुद्दतों से
जिससे मिलने की तलब थी
अचानक सड़क पर अगर दिख जाए भी
तो क्या आदमी के भीतर
अंतिम सांस ले रही ऐसी कोई
आत्मीय कशिश रोक लेगी
समय की बेकाबू रफ्तार को!

फिर जबतक वे घर लौटेंगे बेसुध
समय पहले से ही होगा वहां मौजूद और
बदल चुका होगा वो अपने हाथों
अपनी मर्जी से कैलेंडर की तारीख

और नींद में भी बड़बड़ाते हुए
ट्रेन छूट जाने के बाद का भयावह दृश्य
वे बॉस के लाल-पीले चेहरे में देखेंगे
किसी अनहोनी की आशंकाओं से संत्रस्त

घर की ऊंघती आबादी के बीच
उनके ही कमरे में सोया हुआ
कोई बच्चा सहसा रोने लग जाएगा
लेकिन उसके रोने की आवाज भी
उन्हें कहीं बहुत दूर बीहड़ से आती
जंगली सियार-सी सुन पड़ेगी
किसी एक और अनहोनी के
पूर्वाभास की तरह...

पहली बार

हर पहली चीज तुम्हें बेहद
परेशान-हाल रख सकती है
पहली बार अगर तुमने
समुद्र में डुबकी लगायी हो या
पहली बार उसे तट से निहारा हो
तो दुबारा भी जब वहां जाआगे
तो पहली बार की कशिश को
भूल नहीं पाओगे

वैसे किसी पेड़ से तुम्हारा मिलना
कभी पहली बार नहीं होगा
किसी नदी या समुद्र की तरह
संभव नहीं है उसे पहली बार देखना

लेकिन किसी अच्छे
भले दिखते इंसान से
पहली मुलाकात के बाद
दुबारा की तलब मत रखना

अपनी बहुत प्यारी कोई चीज
पुस्तक की पहली प्रति ही सही
अपने किसी प्रिय को भी
भेंट करने के पहले उसकी
पात्रता पर विचार करना
पात्रता की शर्तों में शुमार नहीं है
किसी का प्रिय होना

अपनी गलतियां अपने दुख

अपने पछतावे अपनी शर्म
कभी किसी मित्र से नहीं
केवल उस पेड़ से कहना
घर लौटते हुए जिसकी छांव में
तुम अकसर बहुत देर ठहर जाते हो

किसी उत्सव या जश्न की कौंध से
निकल कर सीधे घर मत चले जाना
उत्सव के बाहर छूट गए
किसी उदास चेहरे के पास
थोड़ी देर बैठ जाना
उसकी बेहिस उदासी और अपने
चेहरे की बेमानी चमक को धीरे-धीरे
एक साथ झरते हुए पहली बार देखना

पहली बार
फूलों पर बैठी रंग-विरंगी
तितलियों के सौंदर्य पर मुग्ध होना
लेकिन उन्हें दुबारा देखने की तलब हो
तो जीवन की भंगुरता के बारे में कही
पुरखों की बातें याद करना
फिर भी अगर
मुझसे दुबारा मिलने की तलब हो
तो पहली बार की तरह मिलना...

समुद्र की बात

नहीं करता कोई इस शहर में
सितारों की दुनिया से अलग
नामालूम उस नगीना और
मुंदरी देवी की बात
कि इस कोलाहल में
कहां सुन पाएगा कोई
उसकी लहूलुहान अनसुनी पुकार
जिसे समुद्र से था बेहद प्यार
जीवन भर की कमाई से खरीदी गई
सोने की नथिया जिसके हाथ में ही
रह गई और जिसकी मुंदरी को
उछाल दिया गया था उसी समुद्र में
कि आज भी वह नगीना महतो
उस नथिये को ही मछली मारने वाली
अपनी आस की डोर में फंसा रक्खा है...

नहीं करता कोई विराट समुद्र
की उस सघन बेबसी की बात
कि कितने ही अनसुलझे राज
कितनी ही अधूरी गर्म सांसों
और टूटे-बिखरे हुए सपनों के
बोझ से दबा हुआ रात-दिन
चीखता-बिसूरता रहता है समुद्र
कि आंखों से टपके खारे
खून की अनगिनत बूंदों-सी जमी हैं
रेत पर कितनी ही गहन उदासियां
कि दर्ज हैं अंधेरे एकांत में तिरतीं
कितनी ही असहज असमाप्त

रातों की सरगोशियां...

कि कितनी विराट और उदात्त है
समुद्र की बेबसी भी कि नहीं आती
किसी के काम पानियों और
रेत पर उगी गवाहियां
कि नहीं हो सकतीं वो किसी
निर्दोष के पक्ष या दोषी के विरुद्ध
किसी नैसर्गिक फैसले में शामिल

लहरें भी बहा ले जाती हैं जिन्हें
महफूज अपनी आगोश में
कि नाजुक किन्हीं लम्हों में
भटकती हुई कोई रुह
दुबारा वहां दरपेश हो
तो नहीं पड़ जाए उनपर कहीं
उसी के पांव के निशान...

कुछ इस तरह भी

कुछ इस तरह भी
दर्ज होने लगी हैं समय की आहटें
खुली आंखों ने रात जो देखे थे सपने
जाओ कि समेट लो वहां से
तुम सब बिस्तर अपने-अपने
बिछने ही वाली हैं उस जगह
अब धूप की बेपनाह तल्खियां

जाओ कि ढूंढ लो बेघरों
की भूली हुई पगडंडियां
चिकने चौड़े इन रास्तों पर
अब सजने ही वाली हैं
झूठ और फरेब की मंडियां
मुल्क के वफादार अफसरान
और मुलाजिम खड़े हैं वहां
बन कर बांस और बल्लियां

तैयार खेतों पर तन रहे खेमों में
जमा हो रहे हथियारों के जखीरे हैं
भारी बूटों की आवाज से
दरक रहीं सड़क किनारे
चूल्हों पर चढ़ी हंडियां
खेल रहे नंग-धड़ंग बच्चों की
गेंद और गुब्बारों से भी
निकल रही हवा है
समेट रहे लोग-बाग
सत्तू की पोटली में नमक
और बची-खुची मिर्चियां

शून्य में अटक गईं
बदहवास आंखें भी ढूंढ रहीं
जहर-बुझी हवाओं में थोड़ी-सी
राहत और बच रही तसल्लियां
कि बारिश की बूंदों में
बरसने ही वाली हैं
कांच की बेशुमार किर्चियां...

और एक दिन

जानता था कि दुनिया गोल है
लेकिन नहीं पता था
कि यही गोल-गोल दुनिया
हो जाएगी एक दिन
इतनी भी बेडौल

कि कहीं नहीं पहुंचने की जिद में
हम सही रास्तों, घर परिवार
और सरोकारों को छोड़ कर
एक दिन पार्कों में घूमने लगेंगे
गोल-गोल बिना किसी बात के
बजाएंगे तालियां जोर-जोर से
अचानक हंसने लगेंगे बेवजह
आसपास बिखरी पड़ी खुश रहने की
सारी वजहों को छोड़ कर

कि हांफते-दौड़ते
लुढ़कते हुए पसीने से लतपथ
इतनी मेहनत मशक्कत के बाद भी
लौट जाएंगे अपने एकाकी दड़बों में
अपनी निजता की सुरक्षा के प्रति
एक बार फिर से पूरी तरह आश्वस्त

कि एक दिन
हम अपने बेकार घुटनों पर
चलाएंगे गोल-गोल स्वचालित
कोई मशीन, हाथ भी घुमाएंगे
किसी मशीन पर

या बस हवा में वृत्ताकार
जैसे पीसती थीं महिलाएं
कभी घर की चक्की में आटा
घर बैठे ही चलाएंगे दोनों पैर
जैसे हम चलाते थे कभी साइकिल
कहीं पहुंचने की खुशी में भींगते हुए

इतने से भी
अगर नहीं बनी बात
तो लेट जाएंगे शवासन में
या फिर ढूंढ लेंगे किसी दिन
कमरे की छत में लगी
लोहे की मजबूत कोई कील

चिंताएं

लोगों के पास ढेर सारे
प्रश्न और जिज्ञासाएं थीं
भाड़े पर फ्लैट देने के पहले
क्या पूछा नहीं जाना चाहिए था
कि वो अकेली क्यों है
उसके मां-बाप कौन और कहां हैं

ऐतराज था लोगों को
कि वो अकेली है और
घर तो घर सार्वजनिक मंचों
पर भी गाती है गाना

परेशानी यह भी थी
कि वो सिर्फ गाना गाती थी
बाकी लोगों की तरह
कुछ और नहीं करती थी
जैसे कि रोटी बनाना
या किसी बात को लेकर
दूसरों से उलझ जाना
या अकेलेपन की उदासी
में अकसर बिसूरते रहना
अमूमन अकेली लड़कियां
जैसी होती हैं आखिर वैसी
क्यों नहीं थी वह कोई तो राज होगा
लोगों ने एक लड़के को खुद में खोया
मस्ती में सीढियां उतरता
कोई गीत गुनगुनाते देखा है
जो उसे हर दिन खाना पहुंचाता है

और खाना देकर बाहर से
ही विदा हो जाता है

अजीब बात थी
लोगों की भावनाएं
आहत हो रही थीं
और वह अपनी बिरादरी की
अकेली लड़कियों को
ठेंगा दिखाती हुई
मंचों पर गाना गा रही थी
कुछ इस तरह कि जैसे
उसे और कोई काम ही न हो

किसी अन्य माले पर एक महिला है
जो सिर्फ खाना बनाती है
उसके व्हाट्सऐप पर खाना ऑर्डर
करते हुए किसी को ऐतराज नहीं था
कि वो आखिर सिर्फ खाना क्यों बनाती है

ऊपर माले पर एक लड़का
भी अकेला ही रहता है
कोई दिलचस्पी नहीं थी किसी की
उसके बारे में जानने की
कि उसके कमरे की बत्ती
रात भर क्यों जलती है

इसी सोसायटी में एक बच्ची भी है
जो हमारे और आपके यहां
झाड़ू पोछा और बर्तन करती है
लेकिन किसी की भावनाएं

कभी आहत नहीं हुईं
कि हमारे संपन्न घरों में
कोई दुबली-सी लड़की सुबह-शाम
आखिर हवा में क्यों डोलती है

रात के सफहों पर

नैसर्गिक रंग और नूर की
रवायत में लिखी इबारतें
रात के सफ़हों पर
कुछ ऐसे दर्ज होती हैं
कि मुसलसल बारिश के बीच
ढलती रात अपने दरीचे से पढ़ी गई
कोई जादुई किताब हो जैसे...

कोई रात जहां अपनी रुत में
देर तक ठहरती नहीं
सुदूर किसी समुद्री या पहाड़ी
बारिश में खो जाती है

भीगी उसकी सदा में गुनगुनाता
अपने माजी की कोई धुन
घिसटता चला जाता हूं
खुद से दूर बहुत
खुलती हैं जहां से नई
कुछ खिड़कियां जैसे
सभ्यता के संदिग्ध उजालों में
चमकते वादों की तरह...

दर्द

अभी तो यही
मेरी धरोहर मेरा शेरो-सुखन
मेरी जिंदगी का हासिल
मेरी लय मेरी आवाज है

मेरे दर्द से मत करना
महरूम मुझे
तुम्हारे बीच
यही मेरी परवाज
क्रांति और प्रेम की
बची हुई उम्मीद
और साज है

जब होने लगे दाखिल
तुम्हारे इसके और उसके भी
जीवन में मनचाही खुशियां
सेठों की चाकरी से ऊब कर
जब लेने लगें लोग लंबी उबासियां
तो मुझे भी इत्तिला करना

अभी मुझे मेरी बेचैनियों में
थोड़ा और मुब्तिला होने दो

अनाहत

बीत रहे लोगों और
सड़क किनारे सजी
कबाड़ी को बेच दी गई
पुरानी किताबों के पास
अकसर खिंचा चला जाता हूं
वैसे ही जैसे जंगल पहाड़
और नदियां अकसर ही
मुझे पुकार लेती हैं...
जैसे पुरखों के छूटे हुए घर
या पुराने शहर के खंडहर
मुझे अपने पास बुला लेते हैं

पुराने मलबों या नदी के किनारों से
उठाकर कभी अनगढ़ कोई पत्थर
तो कभी पीले पड़ गए पन्नों वाली
कोई किताब... विस्मृत कोई चेहरा
अपने घर ले आता हूं

ऐसी ही सनक में शायद
महफूज रह जाए
भयावह शोर के भीतर
अनाहत कोई कोना
नैसर्गिक जीवन की अनसुनी
कोई लय... हवा में तिरती
आतुर कोई पुकार
या अनहद कोई नाद...

हम उसे क्या दिखाते

बहुत दिनों बाद
जब उससे मिलने गया
तो उसने मुझे अपने
नये बन रहे घर के नक्शे दिखाए
फर्श और दीवारों पर जड़े
बहुमूल्य पत्थरों की कीमतें बताईं
छतों से लटकते झाड़-फानूस
दरवाजों-खिड़कियों की दुर्लभ लकड़ियों
पर उकेरी गई नक्काशियां दिखाईं
लौटते हुए उसने मुझे
संगमरमर की दीवारों और तल वाला
एक खूबसूरत स्विमिंग पूल भी दिखाया

फिर किसी एक दिन जब
वो मुझसे मिलने मेरे पास आया
तो मैंने सबसे पहले उसे
हरे-भरे बाग की एक बेंच पर
आराम से बिठाया
पेड़ों के झुरमुट से छनकर आती
डूबते सूरज की रक्तिम आभा में
चमकते नैसर्गिक कुछ दृश्य दिखाए
नीचे बैठी कभी मेरे पांव से लिपट
लाड़ जताती एक अदद बिल्ली
और ऊपर आसमान से पेड़ों पर
आहिस्ता उतरते परिंदों को दिखाया
लौटते हुए मैंने उसे एक नदी दिखाई
जिसमें बचा था अब भी बहने का हौसला...

समझ

पता होता है
परिंदों को भी...
हवा में पत्तों की सरसराहट
और दबे पांव
आदमी के चलने की आहट
कितनी अलग होती है
अपने इरादों में

नैसर्गिक इस समझ के साथ ही
कोई चिड़िया
आसमान से
उतरती है जमीं पर...

गिरना एक पेड़ का

इस बार
बारूदी सुरंगें
जो बिछाई गईं
उसमें उसका घर नहीं
एक बूढ़ा दरख़्त गिरा
जिस पर चिड़ियों का
घर था

लेकिन
उसने राहत की
जो एक गहरी सांस ली
वो हवा नहीं
जहर था...

डूबना

सूरज जहां भी डूबता हो
तुम्हारे महानगर के समुद्र में
या नदी किनारे हमारे गांव में
आती हर जगह अंधेरी रात है
फिर आखिर मुंबई, गोवा
कन्याकुमारी, अलेप्पी या
रन ऑफ कच्छ में ही डूबे

डूबती हमेशा रोशनी ही है
अंधेरों के साम्राज्य में

विकास

गिरावटों के इस दौर में
आदमी का होना
एक ढोंग हो चुका था

लेकिन गिरना अभी बाकी था
और ढोंग को छुपाने की कला में
विकसित हो रही थी
पूरी एक सभ्यता

कौन है जो

वो कौन है जो
सड़क के बीचो-बीच
सभ्यता की ऊंची नाक पर
इस तरह सो रहा है

सुना है सड़क का कोई कुत्ता
उसी के भाग्य पर रो रहा है

घर की आग

अपने घर में लगी आग
को बुझाने की कोशिश में
पड़ोस का चर्चित कवि सीरिया
और फिलिस्तीन की तरफ भागा है

कवि की प्रामाणिकता
आग बुझाने में नहीं
वैश्विक हो जाने में है...

खुशबू

खुशबू तो कभी भी और
कहीं भी फैल सकती है
बस बाहर हल्की-सी हवा
भीतर थोड़ी-सी नमी हो
मौसम की तल्खी में भी
थोड़ी-सी कमी हो

घर-वापसी का पता

नहीं जानने दूंगा
कि जानता हूं मैं
खुद की नजरों में
गिरने से बचा लूंगा उसे
सह लूंगा हर बार
उसकी मक्कारियां
...

कितना सुकून
कितनी आश्वस्ति है
इस अहसास में
कि तुम्हारी तमाम कमियों
और कमीनगियों के बावजूद
कोई चाहता है तुम्हें...
और इस अहसास में ही
है लिखा तुम्हारी
घर-वापसी का पता

उत्सव

हमें डर है
तुम किसी को भी
मार सकते हो

रचनात्मक सन्नाटों में नहीं

संभावनाओं को हमने
उत्सव के शोर में
मरते देखा है

किसने

आखिर किसने
मारा मेरी आत्मा को

उन सब ने ही मिल कर
जो अंत तक मेरी आत्मा को
बचाने का ढोंग रचते रहे

अजब-गजब

कितनी ऊटपटांग हरकतें
दर्ज होने से रह जा रही हैं
सभ्यता के इतिहास में

अजब छटपटाहट है
गजब की बेचैनियां
कोई सिर के बल चल रहा
कोई घुटनों के...

तो कोई अपने पैरों में ही
बांस की लंबी खपच्चियां लगाए
नाप रहा अपनी ऊंचाइयां है

लाचारी

हाथ में फूल-माला लिए
अगर आप कतार में खड़े हैं
बधाई और शुभकामना की
दलदल में गर्दन तक धंसे हैं

तो मैं आपको कैसे कवि
कलाकार या लेखक मान लूं
अगर वह आपकी लाचारी है
तो यह मेरी है...

बच गया

मैं अपनी कविता को अकेला छोड़कर
उत्सव और मेले में जाने से बच गया
बिना पढ़े ही मेरी कविताओं पर
बोलने वाले अपने मित्रों को सुन कर
मुग्ध होने से भी बच गया
मैं साहित्य की बैंड-बाजा-बारात में
एक दिन का दूल्हा बन
बाकी दिन अवसाद और पश्चाताप
में जाने से बच गया
मैं बुरे दिनों में भी कविता के साथ
कविता के सहारे खड़ा रह गया

तो इसमें दोस्तों से कहीं अधिक
दुश्मनों का हाथ था...

कि बची रहे छांव

वह खाइयों दरारों को
जीवन भर पाटता रहा
और गहरी होने से
उन्हें बचाता रहा

फटी-पुरानी चादर से तपिश
और कड़आहट को छानता रहा
कि बची रहे आंधी बारिश
और धूप में भी आदमी और
आदमी के बीच की शीतलता

आती रहे छनकर धूप और हवा
और बची रहे छांव भी

और इस तरह
जितनी फटती रही चादर
उतना ही जुड़ता रहा आदमी...

गंतव्य

गंतव्य के सम्मोहन में
चुक जाती हैं यात्राओं की
संभावनाएं तमाम

मत पूछना उससे
कभी कि जाना कहां
साधन ही जिसका
साध्य हो और पथ ही
जिसका पाथेय...

कि बजती रहे सांकल

सलामत है
जंजीर की खनक अभी
कि बंद कमरे के
किवाड़ पर अपनी ही हंसी
बजती है सांकल की तरह

और खोलती हूं
जब किवाड़
होती है बस
खला से मुलाकात

न वो कुछ कहे
और चुप रहूं मैं भी
होती है तब भी
ढेर सारी बात

मुर्दनी सन्नाटे में
यह भी कुछ कम नहीं
कि बजती रहे सांकल
और खोलती रहूं किवाड़

पहाड़ की जगह

कहीं पहाड़ जब दरकता है
तो घाटियां नदियों से मिल कर
जश्न नहीं मनातीं
न ही कभी पूछती हैं
उसके दरकने की वजह
गिरते पहाड़ के लिए
अपने भीतर जगह बनाती हैं

कैसी हो कविता

अपने घर-गांव छोड़
शहर में बस गई
कैसी हो कविता?

सड़कों पर चलते-फिरते
भीड़ से गुजरते
बस ट्राम मेट्रो या लोकल में
चढ़ते-उतरते बदहवास भागते
लोगों के चेहरे कितने पहचाने
या कितने अजनबी हैं कविता?

क्या कोई खोली या
बरसाती मिली
या अभी भी फुटपाथ
पर हो कविता?

क्या पुस्तक मेले
और कविता-उत्सव में
पूरी सज-धज के साथ भी
वैसी ही बदहाल हो कविता?

क्या अभी भी
उतनी ही हैरान
दिन भर के उपवास
या सुबह के सिर्फ
चायपान पर हो कविता?

पता हो तो मुझे भी बताना

शहर के किस पायदान
पर हो कविता?

हवा के विरुद्ध

जिंदगी हवा के विरुद्ध
लिखी गई एक पुख्ता
किताब थी साहब
शीराजा तो एक दिन
इसका भी बिखर जाना था

लेकिन जर्द पड़ने से
रह गए कुछ सफहे
हवा के विरुद्ध फिर भी
फड़फड़ाते मिले

नई भाषा

मुझे कविता के लिए
नए शब्दों की तलाश नहीं
पुरातन शब्दों पर जमी
काई को खुरचना चाहता हूं
पृथ्वी की परतों के भीतर दबे
शब्दों के जीवाश्म को
सभ्यता की नई भाषा में
बदलना चाहता हूं

जमीर

मैं अपनी जमीर में जिंदा हूं
कि मेरे तरकश में अब भी बचे हैं
अपनी ही तरफ मुड़े हुए कुछ तीर

मरुस्थल

बहुत कठिन होता है
मरे हुए को मारना
बहुत खतरनाक होते हैं
वे लोग जो मुर्दा होते हुए भी
हमारे भीतर रहने की
जगह बना लेते हैं
किसी उर्वर जगह को
मरुस्थल बनाते हुए

असली किरदार

मंचों पर हजारों बार
मरने का अभिनय कर
दर्शकों को रुला देने वाला
एक अद्भुत अचूक कलाकार

आज जब सचमुच मर गया
तो चेहरे पर मरने जैसा
कोई भाव नहीं था

भरोसा

ठग बहुत अपना था
इसलिए नहीं हुआ
ठगे जाने का कभी अहसास
कातिल भी हमारा दोस्त था
इसलिए मरने के बाद भी
चस्पा रहा चेहरे पर एक भरोसा

दर्पण

बंद घरों की दीवार पर टंगे
जिस दर्पण में एक स्त्री हर दिन
अपना चेहरा देखती रही
उस दर्पण को भी एक फ्रेम में
किसी और ने सजाया था
जिसमें खुद को वह उतना ही
देख पाती जितना फ्रेम में
अंट जाती थी...

विरोध

बाजार और पूंजी का
विरोध करता हुआ लेखक
खुद बाजार हो जाना चाहता है
जैसे सत्ता का विरोध करता हुआ
विपक्ष खुद सत्ता हो जाना चाहता है
और जैसे पितृसत्ता और
पुरुष के विरुद्ध खड़ी औरत
खुद पुरुष हो जाना चाहती है...

तलाश

तुम समाज और परिवार में
बहुत जीवंत यारबाश उपस्थिति रहे
और मैं उतना ही स्वगत और एकाकी
तुम हर जीत में एक जश्न थे
मैं हर शिकस्त में शामिल रहा
दोनों की तलब फिर भी एक थी

जिसकी तलाश में तुम
खुद से बाहर निकल गए
मैं अपने ही भीतर सफर में था

देखना

रात के अंधेरे में
किसी बीहड़ से गुजरती
ट्रेन के साधारण डिब्बे में बैठे
खिड़कियों से बाहर की दुनिया में
मुब्तिला किसी उदास चेहरे को
गौर से देखना...

देखना कि रूमानी यादों
की वरक में लिपटा
सघन अवसाद भी
कितना चमक उठता है...

एक उदास धुन

चूल्हे में बच रही अब
आंच नहीं बस आग है
नदियों में पानी नहीं
सभ्यता का झाग है
जैसे कि पेड़ों के नीचे भी
छाया नहीं थके मुसाफिर की
धूसर-सफेद आह है

कोई हासिल नहीं
पहाड़ों के शिखर
बस ऊंचाइयां हों जैसे
कि नदियों की सतह पर
हमारी परछाइयां हों जैसे

उदास है समंदर और
चीखता हुआ पहाड़ है
घाटियों में गूंजती अब
नहीं कोई आवाज है

जंगलों में लगा दी तुमने
सभ्यता की आग है
बाग में वसंत और
सड़कों पर फाग है
ठूंठ पर बैठा बोल रहा
सफेद काग

◆◆◆

www.ingramcontent.com/pod-product-compliance
Lightning Source LLC
La Vergne TN
LVHW090127160826
845673LV00015B/1099

* 9 7 9 8 8 9 5 8 8 8 1 2 4 *